BEI GRIN MACHT SICH IHR WISSEN BEZAHLT

- Wir veröffentlichen Ihre Hausarbeit, Bachelor- und Masterarbeit

- Ihr eigenes eBook und Buch - weltweit in allen wichtigen Shops

- Verdienen Sie an jedem Verkauf

Jetzt bei www.GRIN.com hochladen und kostenlos publizieren

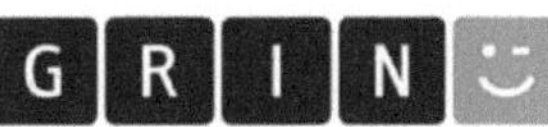

Ernst Probst

Zarah Leander - Der "UFA"-Star der 1930-er und 1940-er Jahre

GRIN Verlag

Bibliografische Information der Deutschen Nationalbibliothek:

Die Deutsche Bibliothek verzeichnet diese Publikation in der Deutschen National-
bibliografie; detaillierte bibliografische Daten sind im Internet über http://dnb.d-
nb.de/ abrufbar.

Impressum:

Copyright © 2012 GRIN Verlag, Open Publishing GmbH
Druck und Bindung: Books on Demand GmbH, Norderstedt Germany
ISBN: 978-3-656-17332-8

Dieses Buch bei GRIN:

http://www.grin.com/de/e-book/192326/zarah-leander-der-ufa-star-der-1930-er-
und-1940-er-jahre

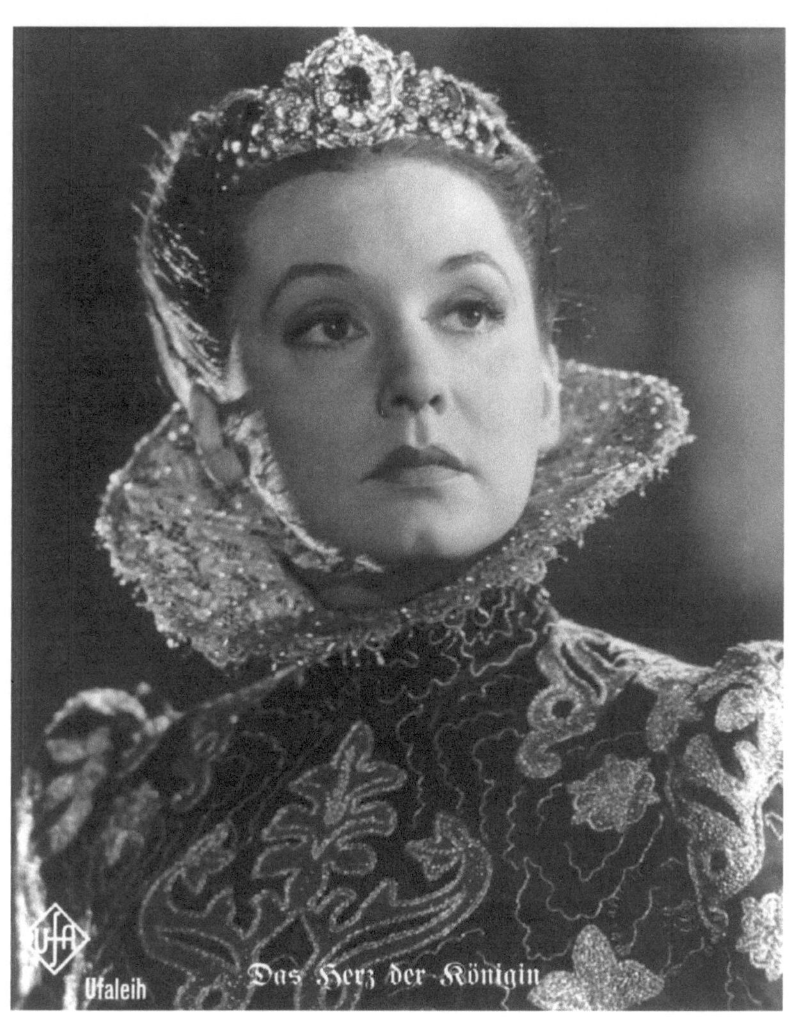

Zarah Leander (1907–1981)

Ernst Probst

Zarah Leander

Der „UFA"-Star
der 1930-er
und 1940-er Jahre

Beate Werner,
Bernd Werner,
Marianne Werner,
Otto Werner,
Sonja Werner,
Dr. Jochen Werner,
Christine Werner und
Steffen Werner
gewidmet

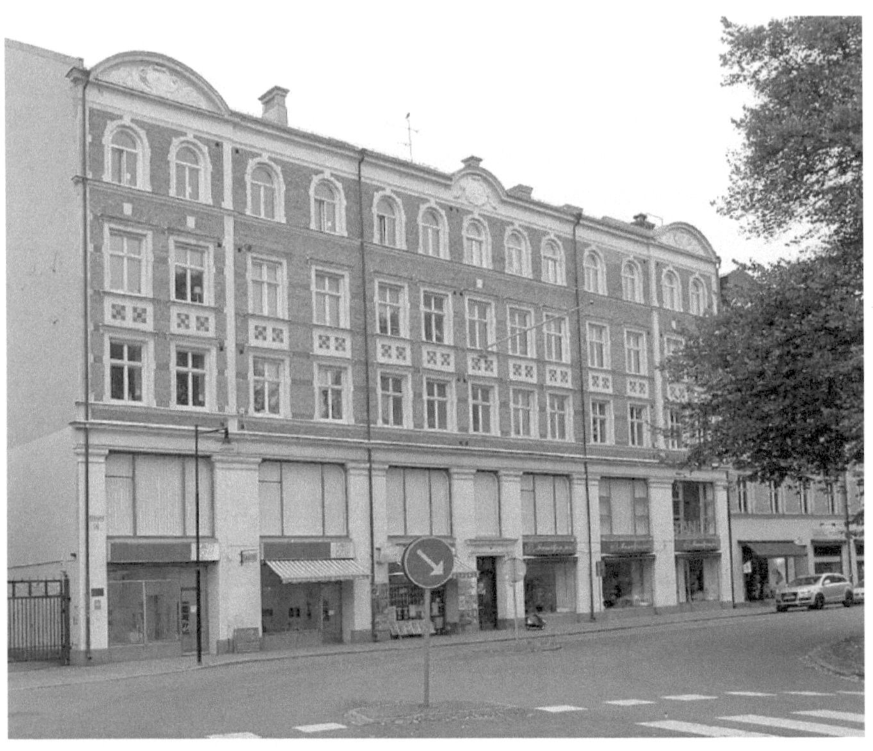

Häuserblock in Karlstad,
in dem Zarah Leander,
geborene Sarah Stina Hedberg,
aufwuchs

Zarah Leander

Der „UFA"-Star der 1930-er und 1940-er Jahre

Einer der erfolgreichsten Stars der „Universum-Film-AG." („UFA") von 1936 bis 1942 war die rothaarige schwedische Schauspielerin und Sängerin Zarah Leander (1907–1981), geborene Sara Stina Hedberg. Zu ihrem Ruhm trugen viele Lieder bei, die sie mit tiefer und rauer Stimme sowie mit rollendem „R" auf der Kinoleinwand sang – zum Beispiel „Ich weiß, es wird einmal ein Wunder gescheh'n" und „Kann denn Liebe Sünde sein?"

Sarah Stina Hedberg wurde am 15. März 1907 um 22.16 Uhr als Tochter des Instrumentenbauers und Grundstücksmaklers Anders Lorentz Sebastian Hedberg in Karlstad (Schweden) geboren. Die Vorfahren ihres Vaters waren protestantische Geistliche. Ihr Vater hatte Orgelbau und Musik in Leipzig studiert. Ihre Mutter Matilda Ulrika Hedberg, geborene Vikström, kam aus einem alten Bauerngeschlecht. Sarahs Urgroßmutter väterlicherseits stammte aus Hamburg. Auch ihr Kindermädchen war eine Deutsche.

Sarah wuchs mit vier Brüdern auf, von denen zwei älter und zwei jünger als sie waren. Ihr ältester Bruder Jonas wurde 1903 geboren und diente später als Offizier bei der schwedischen Marine. Ihr zweitältester Bruder Ante (1905–1985) arbeitete später als Antiquitätenhändler. Ihr Lieblingsbruder Gustav (1911–1957) machte sich als Schauspieler, Sänger und Produktionschef beim schwedischen Film einen Namen. Ihr jüngster Bruder Alle (1912–1963) wurde Direktor bei einer schwedischen Fluggesellschaft.

Schon als Kind wollte Sarah später einmal Schauspielerin werden. Sie lernte ab 1911 Geige- und Klavierspielen, gewann 1913 als Sechsjährige auf dem Piano einen nationalen Chopin-Wettbewerb und ging ab 1914 zur Schule. Bis 1922 besuchte sie ein Gymnasium. Von 1923 bis 1925 wohnte sie bei einer Tante in der lettischen Hauptstadt Riga. Dort ging sie in eine Haushaltsschule, lernte fließend Deutsch sprechen und besuchte oft Theater, Kinos sowie Konzerte. Durch die Bühnenmusik des Komponisten Edvard Hagerup Grieg (1843–1907) zu dem Stück „Peer Gynt" des Dichters Henrik Ibsen (1828–1906) fand Zarah Gefallen am Theater und beschloss, selbst auf die Bühne zu gehen.

In der Familie Hedberg war der Vater zunächst der Einzige, der Verständnis für die musischen Ambitionen von Sarah zeigte. Ihre Mutter reagierte dagegen unwillig auf diese Begeisterung für die „Welt des Scheins". Auch die vier Brüder von Sarah machten sich über deren Sehnsucht nach einer Bühnenkarriere lustig, obwohl einer davon, nämlich Gustaf, später selbst in der Welt der Schauspielerrei, der Musik und des Films Fuß fasste.

Der Vater erfüllte 1926 den Herzenswunsch der 19-jährigen Sarah, einmal die berühmte Operettenkönigin Fritzi Massary (1882–1969), die ihr großes Vorbild war, in Berlin sehen und hören zu können. Er bezahlte ihr die Reise in die deutsche Hauptstadt, wo sie die Theatervielfalt der 1920-er Jahre genoss.

Nach der Rückkehr in ihr Heimatland Schweden bewarb sich Sarah 1926 mit der Rolle der Salome von Oscar Wilde (1854–1900) um die Aufnahme an der „Königlichen Schauspielschule Stockholm". Sie fiel aber prompt durch.

Damals lernte Sarah Hedberg den jungen schwedischen Schauspieler Nils Leander (1905–1990) kennen, den sie 1927 heiratete. Aus ihrer ersten Ehe gingen 1927 die Tochter Boel und 1929 der Sohn Göran hervor. Vorübergehend arbeitete Sarah als Sekretärin im Buchverlag „Lindfors" in Stockholm. Dank der Hilfe ihres Ehemannes erhielt sie unbedeutende Theaterrollen und stand mehrfach mit ihm auf der Bühne, beispielsweise 1928 in der Operette „Drogne Emil" („Der treue Emil").

Ihrem ersten Ehemann verdankte Sarah 1929 auch einen entscheidenden Termin zum Vorsprechen beim Revuekönig Ernst Rolf (1891–1932). Bereits am nächsten Tag – am Sonnabend, 27. Oktober 1929 – durfte sie für die erkrankte Margit Rosengren (1901–

Foto auf Seite 11:

Die berühmte Operettenkönigin
Fritzi Massary (1882–1969)
war ein großes Vorbild für Zarah Leander.
Zarah sah und hörte
diese Künstlerin 1926 in Berlin.

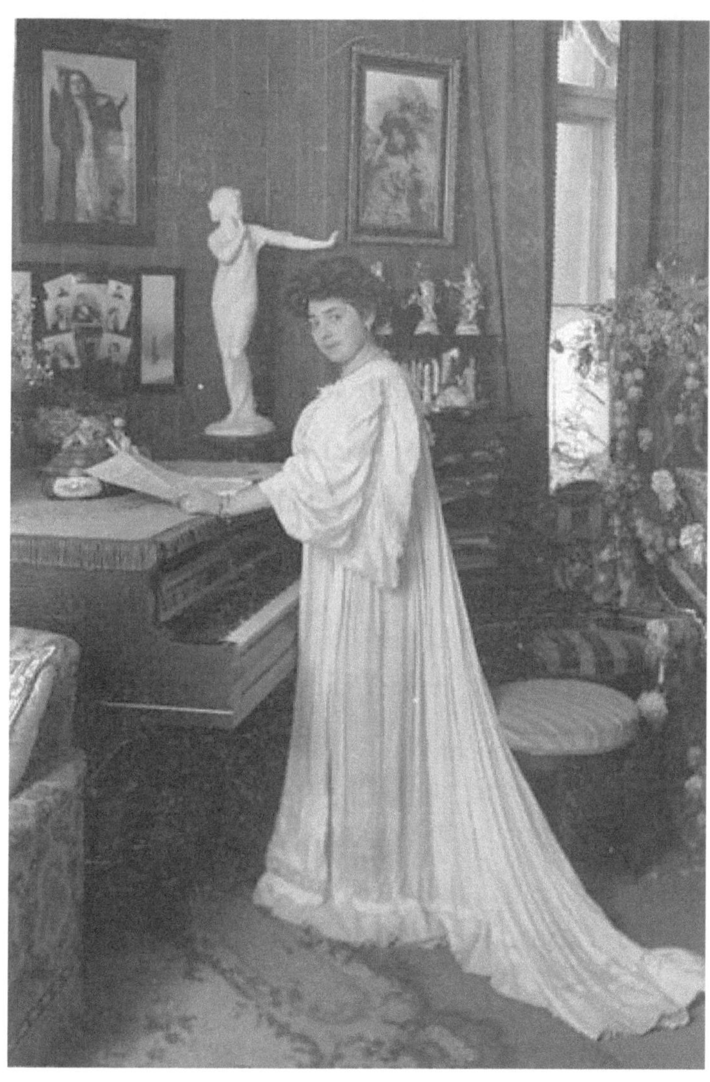

1952) einspringen. Bei diesem Auftritt sang sie das Lied „Wollt Ihr einen Star sehen, schau mich an" nach der Melodie von „Wenn der weiße Flieder wieder blüht". Ernst Wolf hatte sie mit folgenden Worten angekündigt: „Sie ist so talentiert, dass ich nicht die Kraft hatte, nein zu sagen. Sie heißt Zarah Leander, und diesen Namen muss man sich merken."

1930 begann die Schallplatten- und Filmkarriere von Zarah Leander. Am 27. Februar jenes Jahres erfolgte die erste Aufnahme für die Schallplattenfirma „Odeon". In dem Film „Dantes Mysterien" (1930) unter der Regie von Paul Merzbach (1888–1943) sah man sie in einer kurzen Episode.

Der schwedische Schauspieler Gösta Ekman (1890–1938) wünschte sich 1931 Zarah Leander als Partnerin für die Bühnenrolle der Hanna Glavari in „Die lustige Witwe" von Franz Lehar (1870–1948). Die Premiere am 1. September 1931 wurde ein Erfolg. Max Reinhardt (1873–1943) der sich in Stockholm aufhielt, wollte Zarah nach Wien verpflichten. Doch sie war ausgebucht und lehnte ab. In dem Film „Der falsche Millionär" (1931) spielte sie die Hauptrolle.

1931 wurde die Ehe von Zarah und Nils Leander geschieden. Ein Jahr später folgte 1932 die zweite Ehe mit dem Journalisten und damaligen Offizier der schwedischen Armee, Vidar Forsell (1904–1971), dem Sohn des bekannten Opernsängers und Intendanten der Stockholmer Oper. Ziel der Hochzeitsreise war Berlin.

Forsell adoptierte die beiden Kinder Böel und Göran, die fortan nicht mehr Leander hießen.

Am 19. März 1934 machte Zarah Leander Probeaufnahmen für die englische Filmfirma von Alexander Korda (1893–1956). Von einem Vertrag musste sie sich später loskaufen.

Der dritte und letzte schwedische Film, in dem man Zarah Leander sah, hieß „Ehespiele" (1935). Dieser Streifen wurde in Österreich unter dem Titel „Skandal" gezeigt.

Zarah Leander besaß in Schweden und im übrigen Skandinavien schon einen guten Namen, als sie 1935 nach Wien zog. Dort trat sie am 1. September 1935 zusammen mit Max Hansen (1897–1961) in der Welturaufführung der Operette „Axel an der Himmelstür" des Komponisten Ralph Benatzky (1884–1957) auf. Das Stück – eine Parodie auf die schwedische Schauspielerin Greta Garbo (1905–1990) – wurde ein Riesenerfolg, der das Interesse des amerikanischen Filmstudios „MGM" in Hollywood und des deutschen Filmstudios „UFA" in Babelsberg an Zarah weckte.

Die 29-jährige Zarah Leander gab „UFA" den Vorzug. Am 28. Oktober 1936 unterschrieb sie einen Vertrag, in dem sie sich vorerst für drei Filme, die zwischen dem 1. Februar 1937 und dem 31. Januar 1938 produziert werden sollten, verpflichtete. Man garantierte ihr ein Mitspracherecht bei der Wahl der Drehbücher und Komponisten. Die „UFA" konnte den Vertrag jeweils

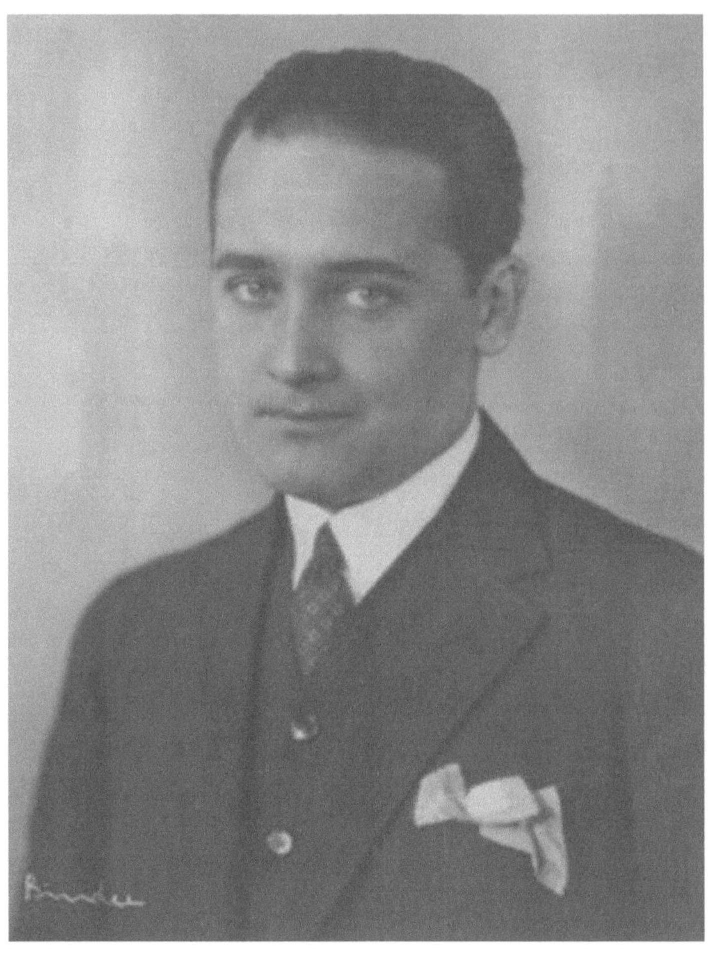

Max Hansen (1897–1961)

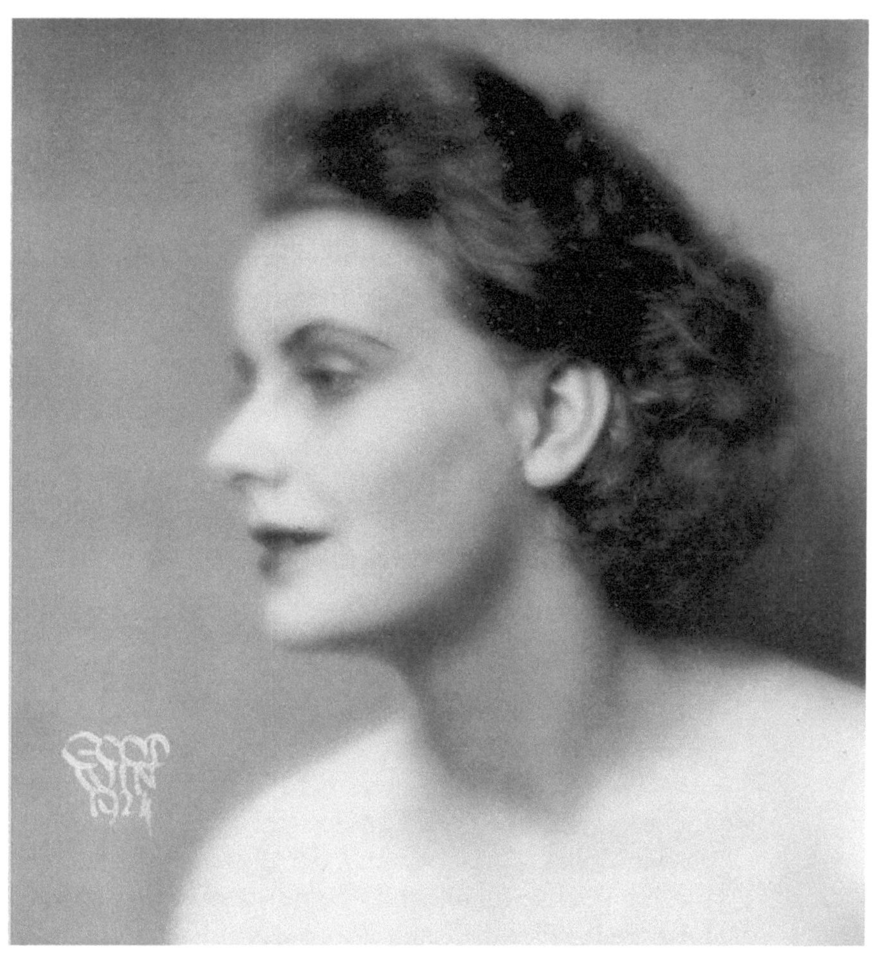

Greta Garbo (1903–1990)

um 14 Monate verlängern. Vereinbart wurde außerdem eine gestaffelte Gage von 200.000, 300.000 und 400.000 Reichsmarkt, von denen 53 Prozent in Schwedenkronen ausbezahlt werden mussten. Nach Abschluss dieses Vertrages machte der nationalsozialistische Propagandaminister Joseph Goebbels (1897–1945) dem Vizepräsidenten der Reichsfilmkammer, Hans Jakob Weidemann (1904–1975), bittere Vorwürfe. Goebbels betrachtete es als Armutszeugnis, dass das „Dritte Reich" nicht selbst eine Filmgöttin wie die Garbo produzieren konnte.

Der erste „UFA"-Film, in dem Zarah Leander mitwirkte, hieß „Premiere" (1937) unter der Regie von Geza von Bolvary (1897–1961). Obwohl diesem Streifen der ganz große Erfolg versagt blieb, wusste man bei der „UFA" ihre Ausstrahlungskraft zu schätzen. Tatsächlich sorgten die „UFA"-Filme „Zu neuen Ufern" (1937), „La Habanera" (1937), „Der Blaufuchs" (1938), „Heimat" (1938), „Das Lied der Wüste" (1939), „Es war eine rauschende Ballnacht" (1939), „Herz einer Königin" (1940), „Der Weg ins Freie" (1942) und „Die große Liebe" (1942) für volle Kinokassen.

In dem Film „La Habanera", der die Geschichte einer schönen Schwedin erzählt, die mit dem eifersüchtigen Don Pedro liiert ist, sang Zarah das einschmeichelnde Chanson „Der Wind hat mir ein Lied erzählt". Davon wurden sage und schreibe 24 Millionen Platten verkauft. Den zweitgrößten Chansonerfolg feierte die Leander mit dem Lied „Ich weiß, es wird einmal ein Wunder gescheh'n" aus „Die große Liebe".

Zarah Leander verdiente allein in der Spielzeit 1941/1942 eine Jahresgage von 800.000 Reichsmark, die man zu 90 Prozent in Schwedenkronen ausbezahlte. Sie war damit der bestbezahlte Filmstar in Deutschland.

Im März 1943 fand Zarah Leander nach Rückkehr vom Premierenabend ihres Films „Damals" ihre Villa in Berlin-Grunewald brennend vor – sie war durch Fliegerbomben in Brand gesetzt worden. Daraufhin buchte sie einen Flug nach Stockholm, kam dort angeblich mit zwei Perserbrücken unter dem Arm an und zog auf ihr Gut „Lönö" bei Norrköpping. In ihrer Heimat erklärte sie, sie habe es vorgezogen, in Berlin „die Erste in ihrem Fach in Europa, als ein Stern von verminderter Leuchtkraft in Hollywood zu sein".

Nach ihrer Rückkehr in ihr Heimatland löste Zarah Leander am 31. August 1943 ihren Vertrag mit der „UFA". Sie lehnte es ab, die deutsche Staatsbürgerschaft zu übernehmen und auf ihre Bezahlung in Devisen zu verzichten. Alle Versuche des nationalsozialistischen Propagandaministers Joseph Goebbels, sie wieder nach Deutschland zu locken, schlugen fehl. In Deutschland wurde sie bald auf die „Abschussliste" gesetzt. Eine Schlagzeile im „Stoßtrupp" vom 20. Juli 1944 lautete: „Zarah Leander, ein Freund der Juden".

Nach Kriegsende warf man Zarah Leander in Schweden das gute Einvernehmen mit den früheren deutschen

Machthabern vor, aber es stellte sich heraus, dass ihre Haltung während der Zeit des Nationalsozialismus völlig unpolitisch war.
1947 gastierte Zarah Leander in der Schweiz, Italien und in den Niederlanden. Im Herbst 1948 unternahm sie ihre erste Nachkriegstournee durch Westdeutschland. Die britische Militärregierung verwehrte ihr zunächst aus Sicherheitsgründen die Einreise in die britische Zone, genehmigte sie jedoch im Dezember jenes Jahres. Im Februar 1949 ging die Leander mit dem Schlagerkomponisten Michael Jary (1906–1988) als Begleiter erneut auf Konzertournee durch Westdeutschland.
Im August 1949 gab Zarah Leander ein Gastspiel in Schweden. Anfang September 1949 begannen in Hamburg die Dreharbeiten für ihren ersten Film nach dem Zweiten Weltkrieg. Ihre Nachkriegsfilme „Gabriela" (1950), „Cuba Cabana" (1952) und „Ave Maria" (1953) konnten nicht mehr an ihre früheren Erfolge in Deutschland anknüpfen. 1954 folgte eine große Gastspielreise durch Belgien, die Schweiz, Österreich, Italien und bis nach Japan. 1956 schloss die Leander ihre dritte Ehe mit dem finnischen Schlagerkomponisten und Kapellmeister Arne Hülphers (1904–1978). Er begleitete sie bei ihren Tourneen als Dirigent und am Flügel.
Ihren 50. Geburtstag am 15. März 1957 feierte Zarah Leander im vornehmen Stockholmer Variete „Berns". Dabei trug sie ein mit Brillanten besetztes Spitzenkleid,

eine aus 24 Weißfüchsen hergestellte Stola und ein Diamantdiadem auf ihrem feuerroten Haar. In schwedischer Sprache sang sie, dass sie in ihren alten Tagen viel besser sei als früher und musste unter Jubel mehrfach wiederholen.

1958 gelang Zarah Leander als Sängerin mit dem Musical „Madame Scandaleuse" von Peter Kreuder (1905–1981) in Wien sowie 1959 in Hamburg und Berlin ein glänzendes Comeback. Ihr Buch „So bin ich und so bleib ich" (1958) wurde nach Worten aus einem ihrer Chansons betitelt.

Während der 1960-er Jahre widmete sich Zarah Leander dem Bau von 320 Bungalows für das Feriendorf „Lönö-Freizeit-Siedlung", genannt „Zarah-Town", auf der Halbinsel Löno, die sie 1938 für etwa 250.000 Schwedenkronen erworben hatte.

Nach der Uraufführung des von Peter Kreuder komponierten Musicals „Lady aus Paris" am 22. Oktober 1964 im Wiener „Raimundtheater" war das Publikum so begeistert, dass Zarah Leander mehr als 60 Mal vor den Vorhang treten musste. Viele gleichaltrige Zuschauerinnen hatten dabei Tränen in den Augen. Ihren 60. Geburtstag feierte sie in Berlin, wo sie am 15. März 1967 einen Empfang im „Blauen Salon" im „Sportpalast" gab und drei Tage später in einer Gala-Vorstellung mit ihren berühmten Lieder auftrat.

1973 erschienen die Lebenserinnerungen von Zarah Leander unter dem Titel „Es war so wunderbar". Als

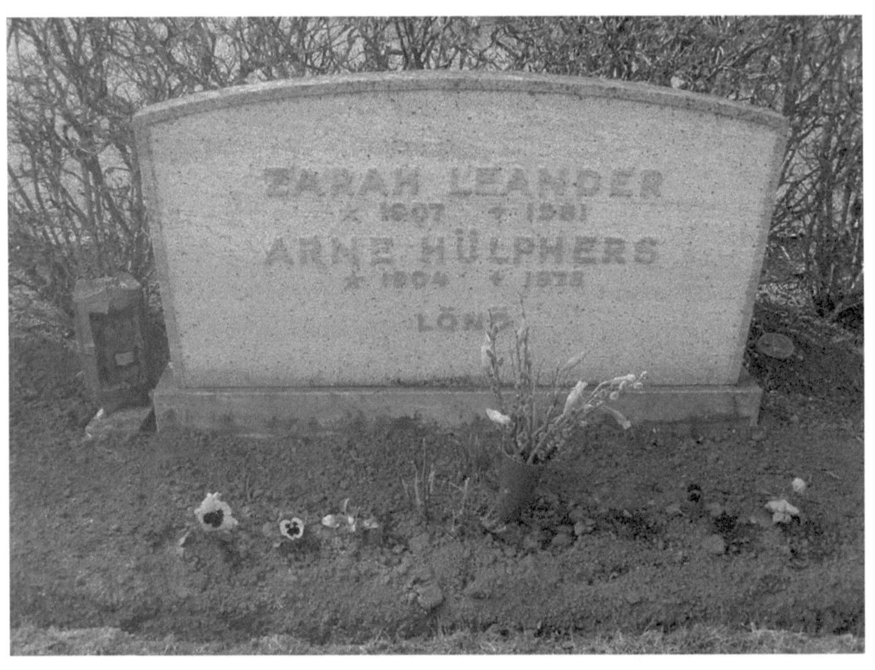

*Grab von Zarah Leander
und ihrem dritten Ehemann Arne Hülphers
auf dem Friedhof in Lönö*

Hobby betrieb sie das Sammeln von Schnupf- und Puderdosen.

Im Sommer 1978 trat Zarah Leander zusammen mit ihrem Ehemann Arne Hülphers am Flügel im Vergnügungspark „Gröna Lund" nahe Stockholm auf. In der Nacht nach einer Vorstellung erlitt ihr Gatte einen Herzschlag und starb am 24. Juli 1978.

Ab September 1978 stand Zarah Leander als Madame Armfeld im Musical „Das Lächeln einer Sommernacht" in Stockholm wieder auf der Bühne. Dabei wurde sie vom Publikum und von der Presse gefeiert. Vor einer Vorstellung am 10. Oktober 1978 erlitt sie einen Hirnschlag, der sie an den Rollstuhl fesselte.

In ihrer letzten Pressekonferenz am 16. Juni 1979 in Stockholm erklärte Zarah Leander ihren endgültigen Abschied von der Bühne. Die 73-Jährige sagte: „Ihr werdet mich nie wieder in einer Theaterrolle oder mit einem Mikrophon sehen". Sie verabschiedete sich mit einem Satz aus ihrer letzten Bühnenrolle: „Die Sommernacht hat nur noch ein Lächeln übrig, ein Lächeln für die Alten, Schwermütigen und Einsamen."

Am 23. Juni 1981 kurz vor 4 Uhr morgens erlag Zarah Leander in einem Stockholmer Krankenhaus im Alter von 74 Jahren einer Gehirnblutung. Presseagenturen meldeten: „Mit ihr starb eine der letzten Diven unserer Zeit". Ihr Heimatland Schweden nahm am 9. Juli 1981 Abschied von ihr. Ihrem Wunsch entsprechend sang ihre Freundin Birgit Nilsson (1918–2005) die Lieder

„Die Himmel rühmen des Ewigen Ehre" von Ludwig van Beethoven und „An die Musik" von Franz Schubert. Weiße Rosen schmückten ihren weißen Sarg. Ihre letzte Ruhe fand sie auf dem Friedhof in Lönö.
In Häradshammar bei Norrköping erinnert ein privates „Zarah-Leander-Museum" an die unvergessene schwedische Schauspielerin und Sängerin. Es wird von Brigitte Pettersson, geborene Anhöck, aus Duisburg und deren Ehemann betrieben. Frau Pettersson war die langjährige Haushälterin und Sekretärin der Leander, ihr Gatte deren ehemaliger Gärtner.

Filme von Zarah Leander

1930: Dantes Mysterier

1931: Falska Millionären

1935: Äktenskapsleken

1936: Premiere (erster deutschsprachiger Film von
Zarah Leander)

1937: Zu neuen Ufern

1937: La Habanera

1938: Heimat

1938: Der Blaufuchs

1939: Es war eine rauschende Ballnacht

1939: Das Lied der Wüste

1940: Das Herz der Königin

1941: Der Weg ins Freie

1942: Die große Liebe

1942: Damals

1950: Gabriela

1952: Cuba Cabana

1953: Ave Maria

1954: Bei Dir war es immer so schön

1959: Der blaue Nachtfalter

1964: Das Blaue vom Himmel (Fernsehfilm)

1966: Das gewisse Etwas der Frauen

Quelle: Wikipedia

Operetten und Musicals
von Zarah Leander

1931: Franz Lehár:
Die lustige Witwe
1936: Ralph Benatzky:
Axel an der Himmelstür (Rolle der Gloria Mills)
(Ausschnitt: Gebundene Hände, Benatzky, 1936)

1958: Ernst Nebhut und Peter Kreuder:
Madame Scandaleuse (Rolle der Helene)
1960: Oscar Straus:
Eine Frau, die weiß, was sie will (Rolle der Manon
Cavallini)
1964: Karl Farkas und Peter Kreuder:
Lady aus Paris (Rolle der Mrs. Erlynne)
1968: Peter Thomas, Ika Schafheitlin
und Helmuth Gauer:
Wodka für die Königin (Rolle der Königin Aureliana)
1975: Stephen Sondheim und Hugh Wheeler:
Das Lächeln einer Sommernacht (Rolle
der Madame Arnfeldt)

Quelle: Wikipedia

Literatur

BAUER, Alexander: Kann denn Liebe Sünde sein? UFA-Star Zarah Leander wäre nun 80 Jahre alt. Wiesbadener Kurier, Magazin, 14. März 1987, Wiesbaden:
FEMBIO Frauen-Biographie-Forschung
http://www.fembio.org
INTERNET MOVIE DATABASE
(Film-Datenbank) http://www.imdb.com
LEANDER, Zarah: Es war so wunderbar. Mein Leben, Hamburg 1973
PROBST, Ernst: Superfrauen 7 – Film und Theater, Mainz-Kostheim 2001
PROBST, Ernst: Königinnen des Films, München 2012
PUBLIKUMSLIEBLINGE NICHT NUR VON GESTERN http://www.steffi-line.de
Internetseite von Stephanie D'heil, Düsseldorf
WIKIPEDIA (Online-Lexikon) http://wikipedia.org
WINNERT, Derek (Herausgeber): Zarah Leander. Aus: Kino. Die große Welt der Filme und Stars, S. 300, Niedernhausen 1995

Bildquellen

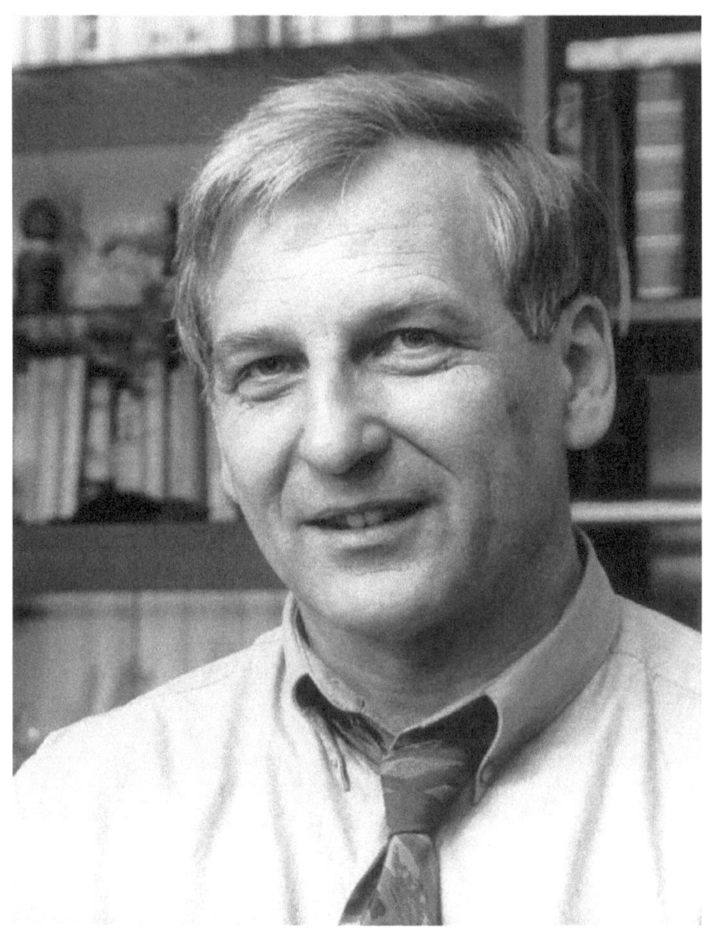

Autor Ernst Probst

Der Autor Ernst Probst

Ernst Probst, geboren am 20. Januar 1946 in Neunburg vorm Wald im bayerischen Regierungsbezirk Oberpfalz, ist Journalist und Wissenschaftsautor. Er arbeitete von 1968 bis 1971 als Redakteur bei den „Nürnberger Nachrichten", von 1971 bis 1973 in der Zentralredaktion des „Ring Nordbayerischer Tageszeitungen" in Bayreuth und von 1973 bis 2001 bei der „Allgemeinen Zeitung", Mainz. In seiner Freizeit schrieb er Artikel für die „Frankfurter Allgemeine Zeitung", „Süddeutsche Zeitung", „Die Welt", „Frankfurter Rundschau", „Neue Zürcher Zeitung", „Tages-Anzeiger", Zürich, „Salzburger Nachrichten", „Die Zeit", „Rheinischer Merkur", „Deutsches Allgemeines Sonntagsblatt", „bild der wissenschaft", „kosmos", „Deutsche Presse-Agentur" (dpa), „Associated Press" (AP) und den „Deutschen Forschungsdienst" (df). Aus seiner Feder stammen die Bücher „Deutschland in der Urzeit" (1986), „Deutschland in der Steinzeit" (1991) und „Deutschland in der Bronzezeit" (1996). Von 2001 bis 2006 betätigte sich Ernst Probst als Buchverleger sowie zeitweise als internationaler Fossilienhändler und Antiquitätenhändler. Insgesamt veröffentlichte er rund 200 Bücher, Taschenbücher, Broschüren und E-Books.

Bücher von Ernst Probst

(Auswahl)

Als Mainz noch nicht am Rhein lag

Annie Oakley
Die Meisterschützin des Wilden Westens

Archaeopteryx. Der Urvogel
aus Bayern

Christl-Marie Schultes. Die erste Fliegerin in Bayern
(zusammen mit Theo Lederer)

Cortés und Malinche. Der spanische Eroberer
und seine indianische Geliebte

Der Europäische Jaguar

Der Mosbacher Löwe
Die riesige Raubkatze aus Wiesbaden

Der Rhein-Elefant
Das Schreckenstier von Eppelsheim

Der Schwarze Peter
Ein Räuber im Hunsrück und Odenwald

Der Ur-Rhein
Rheinhessen vor zehn Millionen Jahren

Deutschland im Eiszeitalter

Deutschland in der Frühbronzezeit

Deutschland in der Mittelbronzezeit

Deutschland in der Spätbronzezeit

Die Aunjetitzer Kultur in Deutschland

Die Straubinger Kultur in Deutschland

Die Singener Gruppe

Die Arbon-Kultur in Deutschland

Die Ries-Gruppe und die Neckar-Gruppe

Die Adlerberg-Kultur

Der Sögel-Wohlde-Kreis

Die nordische Bronzezeit in Deutschland

Die Hügelgräber-Kultur in Deutschland

Die ältere Bronzezeit in Nordrhein-Westfalen

Die Bronzezeit in der Lüneburger Heide

Die Stader Gruppe

Die Oldenburg-emsländische Gruppe

Die Urnenfelder-Kultur in Deutschland

Die ältere Niederrheinische Grabhügel-Kultur

Die Unstrut-Gruppe

Die Helmsdorfer Gruppe

Die Saalemündungs-Gruppe

Die Lausitzer Kultur in Deutschland

Die Dolchzahnkatze Megantereon

Die Dolchzahnkatze Smilodon

Die Säbelzahnkatze Homotherium

Die Säbelzahnkatze Machairodus

Die Schweiz in der Frühbronzezeit

Die Rhône-Kultur in der Westschweiz

Die Arbon-Kultur in der Schweiz

Die Schweiz in der Mittelbronzezeit

Die Schweiz in der Spätbronzezeit

Dinosaurier von A bis K. Von Abelisaurus
bis zu Kritosaurus

Dinosaurier von L bis Z. Von Labocania
bis zu Zupaysaurus

Eiszeitliche Geparde in Deutschland

Eiszeitliche Leoparden in Deutschland

Frauen im Weltall

Hildegard von Bingen. Die deutsche Prophetin

Höhlenlöwen. Raubkatzen
im Eiszeitalter

Julchen Blasius
Die Räuberbraut des Schinderhannes

Katharina II. die Große.
Die Deutsche auf dem Zarenthron

Johann Jakob Kaup
Der große Naturforscher aus Darmstadt

Königinnen der Lüfte in Deutschland

Königinnen der Lüfte in Europa

Königinnen der Lüfte in Amerika

Königinnen der Lüfte von A bis Z

Rund 70 Kurzbiografien berühmter Fliegerinnen,
Ballonfahrerinnen, Luftschifferinnen,
Fallschirmspringerinnen, Astronautinnen und
Kosmonautinnen

Königinnen des Films

Königinnen des Tanzes

Königinnen des Theaters

Malende Superfrauen

Meine Worte sind wie die Sterne

Die Entstehung der Rede des Häuptlings Seattle
(zusammen mit Sonja Probst)

Monstern auf der Spur
Wie die Sagen über Drachen, Riesen
und Einhörner entstanden

Neues vom Ur-Rhein
Interview mit dem Geologen und Paläontologen
Dr. Jens Sommer

Österreich in der Frühbronzezeit

Österreich in der Mittelbronzezeit

Österreich in der Spätbronzezeit

Pompadour und Dubarry. Die Mätressen
von Louis XV.

Raub-Dinosaurier von A bis Z.
Mit Zeichnungen von Dmitry Bogdanav
und Nobu Tamura

Rekorde der Urmenschen
Erfindungen, Kunst und Religion

Rekorde der Urzeit
Landschaften, Pflanzen und Tiere

Säbelzahnkatzen. Von Machairodus
bis zu Smilodon

Säbelzahntiger am Ur-Rhein. Machairodus
und Paramachairodus

Superfrauen aus dem Wilden Westen

Superfrauen 1 – Geschichte

Superfrauen 2 – Religion

Superfrauen 3 – Politik

Superfrauen 4 – Wirtschaft und Verkehr

Superfrauen 5 – Wissenschaft

Superfrauen 6 – Medizin

Superfrauen 7 – Film und Theater

Superfrauen 8 – Literatur

Superfrauen 9 – Malerei und Fotografie

Superfrauen 10 – Musik und Tanz

Superfrauen 11 – Feminismus und Familie

Superfrauen 12 – Sport

Superfrauen 13 – Mode und Kosmetik

Superfrauen 14 – Medien und Astrologie

Tony und Bruno Werntgen. Zwei Leben für die Luftfahrt
(zusammen mit Paul Wirtz)

Was ist ein Menhir?
Interview mit dem Mainzer Archäologen
Dr. Detert Zylmann

Weisheiten der Indianer

Wer ist der kleinste Dinosaurier?
Interviews mit dem Wissenschaftsautor Ernst Probst

Wer war der Stammvater der Insekten?
Interview mit dem Stuttgarter Biologen
und Paläontologen Dr. Günther Bechly

Zenobia von Palmyra.
Eine Frau kämpft gegen die Römer

Bestellungen bei: http://www.grin.com